ean-Luc Robert

jAvvlAIS...

Et vous ?

Quels sont les mots que vous n'oublierez jamais ?

ous mes remerciements à :

ylian Mbappé, Jules Koundé, Omar Sy, Lola Daviet, Jean-
aptiste Salvaing, Jessica Schneider, Rudy Sergeant,
idier Deschamps, Noël Le Graët, Icare, Karim Benzema,
cques Chancel, Marc Madiot, Jeannie Longo,
mmanuel Macron, Sylvie Germain, Aurore Malet-Karas,
elphine Bernard, Eric Bertin, René Chiche, Morgane
auwelaers, Albert Blanc, Pascal Praud, Rémi Costello,
érald Darmanin, Sylvie Baussier, Chloe Kelly, Vanessa
luenstermann, Reshma Qureshi, Confucius, Platon,
alaï Lama, Guillermo Peña, Joanne Rowling, Laur Flom,
icolas Hulot, Patrick Poivre d'Arvor, Joshua Bell, Steve
bs, Sophie Cluzel, Eric Zemmour, Henry Ford, Mariella
langano, Albert Einstein, Tom Villa, Novak Djokovic,
aëlle (Bataclan), Marin Sauvajon, Eric Toledano, Olivier
akache, Barack Obama, William Arthur Ward, et
aniel Cohn-Bendit,

pour leur contribution indirecte à l'écriture de "**tous ces mots qu'on n'oubliera jamais...**"

Les propos cités en exemple dans cet ouvrage sont la parfaite illustration du caractère indélébile de chaque mot prononcé publiquement, à l'heure où beaucoup tweetent au plus près de leurs émotions, dans l'urgence d'une décharge, pensant ainsi se défouler et rallier dans le même temps l'opinion publique à leur cause.

Mais ce livre est aussi la démonstration que les mots ainsi libérés, laissent aussi leurs traces lorsqu'ils sont prononcés dans la plus grande intimité par une personne ordinaire qui compte beaucoup pour soi (un parent, un supérieur, un ami...).

A partir de leur libération, tout peut toujours basculer dans un sens ou dans l'autre, marquant un tournant dans toute relation, nous hantant parfois silencieusement jusqu'à nos derniers jours.

Ces mots **gravés névrotiquement** en chacun de nous, guident nos pas dans un sens ou dans l'autre. Ne l'oublions jamais.

Les Autres LIVRES de JEAN-LUC ROBERT

- Ma vérité sur l'autisme : Un psy en colère

Malakoff, Dunod, 2018

- LezAPe : La face cachée de la psychologie de l'enfant

LezAPe, Paris, 2020

- L'ENFANT : L'instrument du conflit parental

LezAPe, Paris, 2021

- Les Amours Nues : Recueil de poèmes à visée thérapeutique

LezAPe, Paris, 2022

- Je n'aime pas ces frites-là! :

Education positive et autres mythes

LezAPe, Paris, 2023

Photo de couverture © dreamstime 213969245

ISBN 9798865859895

© **LezAPe - nov./23**

commandant du commissariat des Mureaux, et sa compagne Jessica Schneider, 36 ans, sont assassinés à leur domicile en présence de leur fils alors âgé de 3 ans, ou encore lorsque les photos de certains policiers sont placardées et leurs têtes mises à prix dans les cités. Où sont donc vos tweets et votre indignation à ce moment-là ?

[#Jai_mal_à_ma_France 😟 🐺 **inacceptable... ce petit ange parti beaucoup trop tôt...**] avez-vous tweeté.

Mais de quelle France s'agit-il mon cher Kylian ? Vous parlez de celle qui a saccagé les boutiques des commerçants durant le week-end qui a suivi la mort de votre petit ange ? Vandalisé les voitures et autres mobiliers urbains ? Je suppose que tous ces "anges" dont vous parlez sont dans leur bon droit puisque l'un des leurs est parti beaucoup trop tôt, abattu par un **démon policier** ? Mais n'avez-vous pas le sentiment que quelque chose pourrait avoir été raté concernant leur éducation ou leur citoyenneté à ces petits anges ?

Est-il utile alors de vous demander pourquoi vous n'avez pas eu mal à votre France lorsqu'il s'est agi de la mort tragique de la jeune Lola, 12 ans, retrouvée morte dans une malle à Paris 19e, assassinée par une ressortissante Algérienne sous OQTF ? Ou lorsqu'un Syrien s'est mis à attaquer au couteau des bébés à Annecy ? Pourquoi n'avez-vous pas non plus loué la bravoure du jeune homme qui a ralenti le Syrien ? Ne considérez-vous pas aussi ce jeune comme un ange héroïque et le Syrien comme le mal absolu ? **Pourquoi ne tweetez-vous pas dans ces situations ?**

Point d'indignation non plus lorsque des policiers se font traîner sur plusieurs centaines de mètres, manquant de se faire écraser ou tuer par de jeunes "chauffards angéliques" refusant d'obtempérer. Pour rappel :

- Un policier a été traîné sur plusieurs centaines de mètres au mois d'août (l'agent a été hospitalisé pour des blessures à la jambe et au bassin);

- Un autre (l'officier Rudy Sergeant) s'est accroché au capot d'un jeune fuyard sur une distance de 560 mètres.

- ... la liste est longue mais je suppose que la dérouler ici ne sera d'aucune utilité à vos indignations sélectives Messieurs Kylian Mbappé, Omar Sy, Jules Koundé et compagnie...

Et pour ceux qui auraient des doutes sur la démarche accusatrice de ces hommes qui font un **portrait hagiographique du jeune Nahel** tout en *diabolisant la police qui tue, je leur cite les propos de Jules Koundé (footballeur de l'équipe de France) : "...**c'est toujours pour les mêmes qu'être en tort conduit à la mort.**"*

Pourquoi un tel préambule fustigeant ainsi ces stars ?

Tout simplement parce qu'il est très révélateur de notre époque où plus personne ne peut ou ne veut se censurer.

Cet article que j'ai écrit sur le **réseau social Linkedin** pour réagir au tweet du footballeur Kylian Mbappé, a déchaîné les passions comme jamais. Pour quelles raisons a-t-il fait plus de 400000 vues, 5000 likes, 800 commentaires, et 800 republications ? Un record! Je me suis vraiment posé la question. Est-ce parce qu'il s'agit du meilleur footballeur actuellement en exercice ? Est-ce parce que la question de l'immigration représentée par le jeune Nahel est un sujet hypersensible aujourd'hui ? Est-ce parce qu'il révèle le clivage entre deux France qui se haïssent ? Ce qui m'importe ici, c'est qu'aucun média sérieux n'a osé commenter le tweet plein de sous-entendus de cette personnalité hyperinfluente. Sûrement trop touchy pour ces médias mainstream, n'est-ce pas ?

Il est embarrassant en effet, de se demander si Kylian et ses acolytes, sont dignes de porter le maillot Français. On ne va pas non plus embêter le sélectionneur Didier Deschamps avec tout ça, hein ? Ils sont forcément dignes car ils sont les meilleurs à leur poste, et nous avons absolument besoin d'eux pour gagner, point final. D'ailleurs, Kylian le sait bien. Il connaît le pouvoir que lui confèrent ses pieds magiques. Quelques semaines avant, il avait fait virer en un seul tweet le Président de la Fédération de Football, M. Noël Le Graët. D'autres avaient essayé avant lui sans succès. Vous imaginez le pouvoir et l'hubris que tout cela entraîne ? Il est alors aisé de ne plus censurer ses pensées, de pousser son coup de gueule en pensant sa langue aussi magique que ses pieds.

Il en va de même pour l'acteur Omar Sy. Se serait-il permis d'exprimer ainsi son point de vue indigéniste comme il l'a fait à de nombreuses reprises depuis qu'il est une star internationale du cinéma, s'il était resté cantonné à son petit rôle dans le show télévisé de Canal+ : " le SAV" ? S'il était resté aussi anonyme que l'est aujourd'hui son ex-camarde de jeu Fred, il n'aurait rien tweeté, et aurait péniblement essayé de se faire une petite place parmi les Français. Et en coulisse bien sûr, il aurait déversé sa rancoeur et sa haine contre la France comme le font tant d'autres, mais en coulisse seulement.

Le **succès** fait donc de vous quelqu'un... et vous confère le droit et la liberté de vous exprimer librement. Plus vous avez du succès, et plus le totem d'immunité vous sourit. Vous savez que rien ne peut vous arriver, car il suffira d'un but marqué en fin de match, ou d'un film en compagnie des plus grands acteurs, pour fermer toutes ces gueules. Vous devenez clairement intouchable!

Avertissement!

Mais nous le savons, internet ne jette rien, et le temps ne joue pas forcément en faveur de ces stars. Ce privilège apparent ne sera-t-il pas à terme dangereux ? Vous le savez, l'absence de limite, la toute-puissance, nous font toujours aller trop loin. Et le destin de ces stars sera sûrement comme d'autres avant elles, de chuter de très haut, de se brûler les ailes tel Icare.

Oser s'exprimer, mais attention chers lecteurs!

Mon sage conseil est de ne jamais oser une expression publique si vous ne vous sentez pas assez solide pour assumer toutes les critiques, humiliations et menaces, qu'entraîneront vos pensées révélées par écrit ou à l'oral. S'autoproclamer courageux du jour au lendemain, n'est en effet pas sans risques.

Dans ce livre, vous l'avez compris, je partage avec avec un brin de courage mes pensées. J'ose les mettre en mots, et veux bien supporter tous les raccourcis simplistes, ou procès en incompétence que l'on me fera concernant ma profession de psychologue notamment.

Ma première pensée détaillée en préambule, est que malgré toute l'admiration footballistique que je voue à Kylian Mbappé, je pense avec regret qu'il n'a pas su se défaire du complexe de ses ancêtres pour devenir un vrai Français. Il demeure dans une triste rancoeur envers l'homme blanc, et prend sa revanche en considérant et en prouvant par ces performances selon lui, que les meilleurs sportifs sont d'origine Africaine. Internet n'a pas oublié en effet, qu'un gamin de 12 ans avait dit lors d'une interview : **"Si on regarde dans l'histoire les meilleurs c'étaient des noirs et des Arabes."** En cela, il affirmait déjà clairement et innocemment sa supériorité sur l'homme blanc : **"A part Platini, Cantona et tout ça, avait-il précisé."**

Il peut toujours y avoir des exceptions doit-on comprendre. Mais que penserait-on aujourd'hui d'une personne qui affirmerait que les plus grands scientifiques ou écrivains de l'histoire étaient des hommes blancs ? Les féministes en savent quelque chose.

A la moindre faute de cet homme blanc, Kylian Mbappé prend donc la parole via un tweet pour rappeler plaisamment que ce dernier est mauvais et persécute son peuple. Il ne fait pas de doute en effet, selon le contenu de son tweet, que Nahel est mort parce qu'il était d'origine Maghrébine.

Même rengaine pour M. Karim Benzema qui a gagné le **ballon d'or du peuple** selon son expression, c'est-à-dire de tout ceux qui sont non-blancs. Et je ne veux même pas parler ici de tous les tweets tendancieux qu'il a pu commettre ces derniers temps et dont il s'étonne de l'émoi qu'ils suscitent. Je vous l'ai dit : *"Vos pieds en or et votre notoriété vous laisse croire que vous pouvez étaler vos pensées les plus intimes sans souci."* Avez-vous entendu M. Benzema parler lorsqu'il n'était rien d'autre qu'un petit footballeur plein de promesses jouant à Lyon ?

Vous cherchez un traducteur efficace ? Demandez-moi!

Tout cela serait bien drôle si cela n'était pas bien grave hélas.

Manifestement, la couleur de leur peau empêche ces hommes de penser. Mais il est bien possible d'avoir la peau noire, d'admirer les footballeurs dont je viens de parler pour leur talent, et d'être en mesure de développer une pensée qui sait s'affranchir d'un carcan communautaire. N'en suis-je pas la preuve!

Les mots que nous n'oublierons jamais :

- "Ce petit ange parti beaucoup trop tôt".

Je vous laisse découvrir mes autres pensées mises en mots, que vous aurez tout le loisir de reprendre lors de débats enflammés entre amis. Bonne lecture!

1/ "Une femme sur un vélo, c'est moche!"

ET UN MISOGYNE à LA TéLé C'EST MOCHE AUSSI

Juillet 1987

Rien ne s'efface, rien ne s'oublie...

Le 20 juillet 1987, **sur Antenne 2, dans l'émission de** Jacques Chancel : "*A chacun son tour*", Marc Madiot **avait expliqué à** Jeannie Longo : "*qu'une femme sur vélo, c'est moche... Elles sont plus élégantes lorsqu'elles dansent... Il y a des sports qui sont masculins, et il y a des sports qui sont féminins. Voir une femme jouer au football, c'est moche. Le sport doit avoir un côté esthétique. Quand on enlève le côté esthétique du sport, il y perd 50%... Vous* *êtes moche, je suis désolé... Je regarderai le cyclisme féminin le jour où elles mettront des maillots un peu plus jolis, des cuissards un peu plus jolis, et des chaussures un peu plus jolies... Parce que là c'est complètement inesthétique!"*

Et celle-ci de répondre dans le plus grand calme : "On ne peut pas dire qu'on aime les femmes quand on ne respecte pas leurs aspirations."

Sans commentaires... Ou juste un seul. J'aurais complété le propos de Jeannie Longo en rajoutant le mot "libre" : "On ne peut pas dire qu'on aime les femmes <u>LIBRES</u> quand on ne respecte pas leurs aspirations."

Toute recherche concernant Marc Madiot mène à cette polémique avec Jeannie Longo, car internet n'oublie rien. Et l'époque n'étant plus la même, on juge désormais avec une grande sévérité ces propos qui ont si mal vieilli.

Les mots que nous n'oublierons jamais :

- "Je regarderai le cyclisme féminin le jour où elles mettront des maillots un peu plus jolis... Vous êtes moche!"

Attention Kylian, n'oubliez pas que le temps a toujours raison, et qu'il est impitoyable. Votre ange vous poursuivra, soyez-en certain! ༄༅ཨ9

2/ Des pompiers que l'on applaudit enfin!

DES HéROS ENFIN RECONNUS ?

Juillet 2022

Ah, si seulement...

Il aura fallu plus de 19000 hectares brûlés (4 fois la ville de Bordeaux), des milliers de personnes évacuées, des jours et des nuits à combattre le feu au péril de leur vie, pour que ces valeureux pompiers soient enfin applaudis.

Ah, si seulement cela pouvait se produire plus souvent;

Ah, si seulement ils ne recevaient jamais de pavés mais des remerciements mérités et des encouragements;

Ah, si seulement leur salaire était à la hauteur de leurs exploits;

Ah, si seulement l'exécutif ne faisait pas que se joindre aux applaudissements des spectateurs comme s'il n'avait pas le pouvoir de changer tout ça...

...Faire de la politique non pour aider les autres, mais pour satisfaire son égo : être plus visible, avoir plus de pouvoir, s'orienter dans le sens où le vent souffle, être populaire avant tout...

J'aimerais croire que parmi les politiciens les plus médiatisés et les plus influents, il y en ait **un seul** qui fasse de la politique pour d'autres raisons ? Ils vous diront, le Président Emmanuel Macron en tête, que tout ce qu'ils font est pour le bien de la nation. Et le plus regrettable, est qu'ils sont bien sûr crus par suffisamment de gens pour être réélus et poursuivre leur **politique égotique**.

Ah, si seulement nous étions un peu plus capables **de voir au-delà des beaux mots qu'ils prononcent...** Si seulement l'honnêteté pouvait se mesurer, les masques tomber, les électeurs voter en connaissance de cause...

Les mots qui vieilliront mal et que je n'oublirai jamais : - "Nous sommes en guerre!" (▲_◢)

3/ Le poids du regard des autres

DéPENDRE DU REGARD DES AUTRES : UN HANDICAP ?

Juillet 2022

Il s'agit d'un mal qui vous gâche aisément la vie. Vous êtes incapable de porter un regard objectif sur vous-même, et pire encore, votre propre regard n'a justement aucun poids pour vous. Vous êtes alors dépendant du regard des autres. Dépendant de ce sentiment d'estime apaisant qui vous obsède, et que seuls les autres croyez-vous, peuvent vous procurer.

Mais l'on ne peut compter sur l'estime des autres pour compenser une estime de soi défaillante.

On le voit bien lorsqu'une opinion négative est émise à l'égard de la personne dépendante. Un vent de panique souffle alors. Elle souffre terriblement en réalisant qu'il est possible qu'elle ne plaise pas à l'autre, et à tous les autres. Catastrophe!

On peut parler de **prison mentale** en ces circonstances, car le prisonnier dépendant du regard de l'autre, s'est donné l'insurmontable mission de plaire à la terre entière. Il est ainsi condamné à échouer dans cette mission...

Les mots qu'Alberte n'oubliera jamais :

- *"Elle m'a dit que j'étais grassouillette...*

- *Mais tu es très bien comme tu es ma chérie. Le seul poids que tu dois perdre, c'est le poids du regard des autres."* (•˘ᵕ˘•)♏

4/ L'abus mental au travail

TEL MéTIER, TELLE PERSONNALITé ?

Juillet 2022

Voici une pensée pour toutes les personnes qui doivent retourner travailler chaque jour "en milieu hostile" et qui ne voient pas d'issue.

Comment ne pas être curieux de l'enfance du patron acariâtre qui prend un **malin** plaisir à voir ses employés sursauter lorsqu'il braille soudainement ? Pourrait-il s'agir d'une "association diabolique" entre une personnalité spéciale et un statut professionnel sur-mesure lui autorisant ces débordements ?

Puis comment ne pas s'intéresser également à l'association qui pourrait faire qu'un DRH soit loin d'être gêné par la tâche ingrate de devoir monter des dossiers véreux ayant pour finalité de se débarrasser de salariés pourtant méritants ?

Ou encore, comment s'est construite la personnalité d'un membre d'un conseil syndical de co-propriété qui, comme certains enfants faisant injustement subir des sévices à leurs pairs, persécute d'autres propriétaires par la grâce du petit pouvoir que lui confère son statut ?

Et que dire de l'avocat qui dupe sciemment un juge afin de faire condamner sans vergogne une personne qu'il sait être innocente ?

Je pourrais ainsi démultiplier ces exemples à foison sans oublier de dire qu'il n'y a rien de linéaire en psychologie, à savoir que tous les postes à responsabilité ne sont pas systématiquement occupés par les personnes pré-citées, qu'un enfant timide, martyrisé par ses pairs/proches, ne sera pas forcément un employé timoré subissant les affres d'un patron tyrannique, et inversement, qu'un enfant dominateur, ne deviendra pas forcément le DRH, l'avocat, ou le membre du conseil syndical dont j'ai parlé.

Il m'importe simplement d'expliquer que toutes ces places "étranges" qu'occupent certains individus <u>d'une manière particulière</u>, ne sont jamais occupées <u>de cette manière</u> par hasard.

Même la dame du fond là bas, Mme Hélène LARAGUE. Elle est l'employée administrative qui ne valide pas votre dossier dès qu'elle le peut. Contrairement à certains collègues, elle a tendance à rejeter les dossiers d'un ton "pète-sec" pour le motif qu'il y manquerait une pièce qu'elle seule juge fondamentale. Vous êtes bien sûr mal tombé. Elle connaît parfaitement cette heure et demi d'attente qui vous a paru une éternité et qu'elle balaie d'un revers de main. Et figurez-vous que plus vous criez avec rage en montrant votre désarroi, plus la place qu'elle occupe au sein de cette administration lui convient...

Etre malheureux, et passer toute sa vie à s'assurer que les autres le soient aussi...

Les mots qu'Hélène n'oubliera jamais :

- "Ma pauvre fille, si tu trouves un gars qui veut bien passer sa vie avec une incapable comme toi, préviens-moi." (•´ᵕ•´)ʍ

5/ La vie, un parcours avec obstacles

LA VIE EST-ELLE SEMBLABLE à UNE COURSE D'OBSTACLES ?

Juillet 2022

Nous essayons tous d'évoluer sur le parcours de la vie qui nous réserve de nombreux pièges (accidents, maladies, tromperies, licenciements, divorces...), parfois dès le début, parfois à la fin... Et nous ne cessons, valeureux que nous sommes, de nous relever un peu plus craintifs, mais déterminés à aller jusqu'au bout du parcours.

Le mot que nous n'oublierons jamais tout au long de notre existence : - *Obstacles!* (•`ʋ•´)ɱ

6/ Des lycéens qui s'offusquent de ne pas

comprendre le français...

CONSTERNANT!

Juillet 2022

Les temps ont bien changé. Aujourd'hui, lorsqu'un lycéen est en difficulté, il ne se remet pas en question, mais accuse et condamne l'auteur qui a écrit le texte à partir duquel on lui demande de disserter...

L'autrice de "Jours de colère", livre dont un extrait a été proposé aux bacheliers en juin 2022, a été victime d'un

<u>cyberharcèlement</u>. Elle a ensuite dénoncé "l'immaturité" de ces lycéens dans un article posté au huffingtonpost.

Visiblement, certains lycéens qui avaient opté pour le commentaire de texte, ont eu du mal à comprendre de quoi il retournait, au point d'exprimer violemment leur mécontentement envers l'écrivaine. Plusieurs centaines de messages et vidéos publiés sur les réseaux sociaux ont ciblé l'autrice Sylvie Germain :

"Sylvie Germain quand elle a écrit cette putain d'histoire de merde #bacdefrancais."

"Moi si je retrouve Sylvie Germain... Parce que à cause d'elle j'ai rater l'écrit du bac de français > *posté avec la photo d'une personne en colère qui s'apprête à lancer un pavé.*"

Après le mot : "ludique" incompris, la copie de philo criblée de fautes en tout genre, nous avons donc cette nouvelle affaire qui démontre que le niveau baisse incontestablement, mais aussi que les mentalités changent. Gare aux professeurs, auteurs..., qui ne l'auront pas compris et accepté.

N'est-ce pas ce que l'on pourrait appeler une <u>inversion des valeurs</u> ?

On ne se remet pas en question, mais on juge les professeurs et même l'autrice qui a été choisie pour l'épreuve : "analyse de texte". **Fantastique!**

Se demandera-t-on sérieusement un jour la raison d'une telle évolution ?

Ou continuera-t-on de trouver cela normal ?

Les mots que ces élèves ignorants n'oublieront jamais :

- ***"Jours de colère!"*** ⊔ ` O´|⊔

7/ Le pouvoir des smartphones

UNE ADDICTION NIéE ET TOXIQUE

Juillet 2022

Comme toute addiction, ces produits que nous jugeons indispensables à notre bien-être nous amènent parfois à passer à côté de l'essentiel.

La hantise du vide... Tuer le temps absolument. S'occuper l'esprit. Parce que si l'esprit n'était pas occupé mon Dieu, il pourrait se laisser aller à **penser**, quelle horreur! ⲣ⳪益⳪9

Les brillants mots qu'ils n'oublieront jamais :

- lol, tkt, mdr, jpp...

8/ HANDISPORT : "Je suis ces yeux."

UNE BELLE éQUIPE

Juillet 2022

"Je suis les yeux, il est les jambes." **a-t-elle affirmé.**

Ceci peut être je pense inspirant pour tous ceux qui ont tendance à baisser les bras lorsqu'une difficulté se présente. **Non ? Avancer vers le bien-être, quelles que soient les conditions...** ☆(❀_❀)☆

Les mots qu'elle n'oubliera jamais :

- *"Tu es bien plus que mes yeux. Tu es mon coeur!"*

9/ Les stupides traces laissées par l'homme

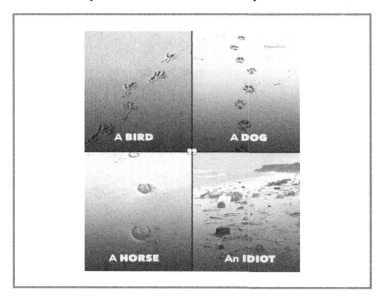

L'HOMME, UN ANIMAL INTELLIGENT ?

Juillet 2022

Les traces laissées par l'espèce la plus évoluée sur cette planète, ne sont malheureusement pas à la hauteur de son intelligence.

Doit-on attendre une prise de conscience individuelle qui ne vient pas, ou doit-on se montrer plus coercitif ?

J'ai bien peur qu'il s'agisse encore d'une mission impossible pour des hommes en uniforme qui n'ont

31

d'autre choix pensent-ils, que de passer leur chemin face à ce qu'ils considèrent être de petites infractions.

Le but de l'opération : maintenir une paix toute relative.

L'intelligence ne fait pas tout... (⊙ 言⊙╫)

Les mots qu'il faudrait peut-être que certains contrevenants entendent un jour et n'oublient plus jamais :

- "Monsieur, déposer, abandonner, jeter ou déverser tout type de déchets sur la voie publique et privée, est puni d'une amende forfaitaire. Là, vous devez régler 135€ d'amende dans les 45 jours. Au-delà de ce délai, l'amende passera automatiquement à 375€. Quelque chose à ajouter ?"

10/ Violences sexuelles

et troubles alimentaires

LE LIEN EST éTABLI

Juillet 2022

En janvier 2022, des chercheurs français ont établi un lien entre les désordres du comportement alimentaire, et les violences sexuelles ayant eu lieu durant l'enfance.

Aurore Malet-Karas, Delphine Bernard et Eric Bertin, ont analysé 12600 témoignages de personnes agressées sexuellement (témoignages recueillis par le Collectif Féministe Contre le Viol).

Les troubles alimentaires sont parfois une réponse à la douleur et aux tensions que l'on a dans le corps.

Il faut aussi savoir que la plupart de ces victimes d'abus sexuel, notamment de l'inceste, développent d'autres troubles en plus des TCA (Troubles du Comportement Alimentaire) :

- Des symptômes dépressifs, de l'auto-mutilation, de l'auto-médication, des tentatives de suicide, des Troubles Obsessionnels Compulsifs, des comportements addictifs, des Troubles Anxieux Généralisés...

Je fais également ce lien entre les troubles alimentaires et les violences sexuelles dans mon livre intitulé :

L'ENFANT / L'instrument du Conflit Parental.

> sous chapitre : **Et l'inceste?** (témoignage d'une femme boulimique) (. ☉ ‿ ♂✚)

Les mots que Céline n'oubliera jamais :

- "Ça sera notre petit jeu, notre petit secret..."

11/ Métaphore de la résilience

Kintsugi/Kintsukuroi ou la valeur de la félure

Ces mots japonais désignent l'art ancestral de réparer une poterie cassée avec de l'or. Ainsi réparé, l'objet prend paradoxalement toute sa valeur d'avoir été brisé. Orné de sa cicatrice, il raconte son histoire et nous enseigne qu'un "accident" n'est pas une fin en soi mais peut devenir le début de quelque chose de plus beau.

LA VALEUR DE LA FêLURE

Juillet 2022

Faire d'un accident (une poterie cassée), un chef d'oeuvre de grande valeur. Voir au-delà de l'échec, le transformer en quelque chose de beau, d'utile... Ce bol aux fêlures dorées représente tout cela.

Les mots que ces élèves de taekwondo n'oublieront jamais :

- *"Vos fêlures vous rendent unique..."* (๑ ^‿^๑)

12/ Surmonter le découragement

COMMENT CROIRE QUE C'EST POSSIBLE ?

Juillet 2022

Un jour tu y arriveras certainement, mais en attendant, il est important d'essayer et d'imaginer que c'est possible.

Face à la difficulté, l'important demeure toujours de se montrer patient et de supporter la déception d'un échec sans cesser de répéter son effort.

Pour certaines personnes, cet échec renvoie à un sentiment trop douloureux pour poursuivre la répétition. Elles préfèrent se reposer sur leurs acquis, trouvant tous les prétextes possibles pour contourner la difficulté liée à une situation nouvelle trop humiliante pour elles.

Elles y seraient sûrement parvenues si... Mais la douleur suscitée par un premier échec est bien trop forte, **insurmontable** pour cette satanée estime de soi qui se trouve si mal en point.

Les mots que Fred n'oubliera jamais :

- "Ce contournement systématique pour éviter de te déprimer n'est-il pas pure illusion ?" (•`ᴗ•´)ꟿ

13/ Il ne leur manque que la parole

LES SENTIMENTS NE SONT PAS L'APANAGE DES HUMAINS

Juillet 2022

Nous avons si souvent tort de nous penser supérieurs et plus "humains", sourtout lorsque nous les faisons souffrir ou que nous les abandonnons sur le bord de l'autoroute comme de vulgaires objets sans vie. Nous préférons ignorer alors qu'ils peuvent ressentir de la tristesse, de la déception, des sentiments tout simplement.

Les mots que Lucky n'oubliera jamais :

- *"Vraiment désolé mon Lucky que notre route se sépare aujourd'hui. Prends soin de toi mon chien."*

38

14/ L'effondrement du niveau scolaire

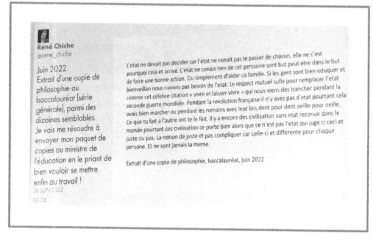

René Chiche
@rene_chiche

Juin 2022.
Extrait d'une copie de philosophie au baccalauréat (série générale), parmi des dizaines semblables.
Je vais me résoudre à envoyer mon paquet de copies au ministre de l'éducation en le priant de bien vouloir se mettre enfin au travail !
26 JUIN 2022
00:24

L'etat ne devait pas decider car l'etat ne conait pas le passer de chacun, elle ne c'est pourquoi cela et arrive. L'etat ne conais rien de cet perssone sont but peut etre dans le but de faire une bonne action. Ou simplement d'aider ca famille. Si les gent sont bien eduquer et bienveillan nous navons pas besoin de l'etat. Le respect mutuel sufis pour remplacer l'etat comme cet celebre citation « vivre et laisser vivre » qui nous viens des trancher pendant la seconde guerre mondiale. Pendant la revolution française il n'y avez pas d'etat pourtant cela avais bien marcher ou pendant les romains avec leur lois dent pour dent oeille pour oeille. Ce que tu fait a l'autre ont te le fait. Il y a encore des civilization sans etat reconue dans le monde pourtant ces civilisation ce porte bien alors que ce n'est pas l'etat qui juge ci ceci et juste ou pas. La notion de juste et pas compliquer car celle-ci et différente pour chaque persone. Et ne sont jamais la meme.

Extrait d'une copie de philosophie, baccalauréat, juin 2022

UNE COPIE DE PHILO DéSASTREUSE

Juillet 2022

De plus en plus de voix s'élèvent pour dénoncer l'effondrement du niveau scolaire en France.

Une majorité de lycéens du BAC professionnel ne connaissant pas la signification du mot "ludique", n'avaient pas su répondre à la question suivante : Selon vous, le jeu est-il toujours ludique ?

Et nouvel épisode aujourd'hui avec ce tweet de René Chiche, journaliste, qui nous livre un extrait d'une copie de philosophie au baccalauréat. Ces voix seront-elles enfin entendues un jour ?

Cette lycéenne qui reste anonyme mais qui est tout de même surexposée, obtiendra à n'en pas douter son BAC, participant ainsi au grand mensonge organisé par l'éducation nationale depuis tant de décennies.

Navrant! ⊔| ` O´|⊔

Le nom qu'elle n'oubliera jamais :

- Chiche.

15/ Wheeling en ville qui tourne très mal

SAVOIR TENIR COMPTE DES AVERSTISSEMENTS

Juin 2022

<u>Rodéo urbain dans le Val-d'Oise</u> : une fillette entre la vie et la mort... un petit garçon grièvement blessé après avoir été percutés...

Ce qu'il m'intéresse de savoir, est si le conducteur de la moto est demeuré inchangé après l'impact. Je suppose que non.

Se pose-t-il désormais un certain nombre de questions sur son comportement ? Ou compte-t-il poursuivre cette activité pour lui ludique ?

Le sentiment de toute-puissance que ressentent certains jeunes du fait de leur état (jeunesse + éducation laxiste), associé au sentiment de domination, de liberté, et d'invincibilité, que peut faire ressentir un engin comme une moto puissante, forme un cocktail explosif qui peut conduire au drame.

Il faut noter que souvent, exprimer ainsi leur agilité et leur puissance sur ces engins, est pour eux une forme de réussite, une manière de bomber le torse et de dire à la vie : "*qu'on l'enc... bien profond*" pour les citer.

Oui, ces jeunes sont en échec tout court. Ils ont une revanche à prendre, et il la prennent par le biais de l'illégalité (les trafiques en tout genre).

L'oisiveté, l'errance... faire quelque chose de sa journée. Quelque chose qui nous mettra en avant. Parce que faire leurs pseudos exploits sur un terrain vague ne leur plaît que vaguement si vous me permettez ce jeu de mots.

Ce qui les intéresse, est d'afficher ce qu'ils pensent être une réussite (l'argent des trafiques, leurs puissantes motos...), leur stupide crânerie sous le regard de tous, en plein coeur de la ville.

Et plus ils passent près de vous en vous effrayant, et plus l'adrénaline monte. Vous sursautez, êtes exaspéré ? Ils tiennent leur revanche!

Mais voilà, en ne tenant jamais compte des avertissements, un jour on réalise je l'espère, que cette manière de vouloir **s'élever** était non seulement ridicule, mais surtout criminelle !

Navrant : ⅃| ` o´|⅃

Les mots qu'ils n'oublieront jamais :

- Vendredi 5 août 2022.

16/ Une psychologue assassinée :

un métier à risques ?

LA VéRITé EST IMMORTELLE

Juin 2022

Je salue cette psychologue qui en faisant son travail et son devoir, l'a payé de sa vie. On a tendance à oublier que le métier de psychologue est aussi un métier à risques. Espérons que cet assassin et pédocriminel aura commis là son dernier crime :

(。 ☉ ⌒ ♂✝)

En 2020, un septuagénaire avait abattu d'une balle dans la tête Morgane Nauwelaers dans son cabinet, parce qu'elle s'apprêtait à signaler à la justice de multiples agressions sexuelles sur sa fille et sa petite-fille.

Concernant son geste dramatique, Albert Blanc n'avait exprimé aucun regret... : "Pour nous, ça devait être placé aux oubliettes, dans les secrets de famille. J'avais dit à ma petite-fille : 'On oublie et on n'en reparle plus'. Avec ma fille, c'était différent. **J'allais lui raconter une histoire dans son lit et, une fois, je lui ai caressé le sexe.** Elle s'est raidie. Ça s'est arrêté là."...

"...Mais ça dépend des époques. En ce moment, on fait beaucoup de cas de la parole des femmes et des enfants. Moi, quand j'étais gosse, un pêcheur m'a demandé plusieurs fois de lui montrer mon robinet. Ca m'a pas traumatisé."

Les mots qu'Albert Blanc n'oubliera jamais :

- "Accusé levez-vous! Ce tribunal vous condamne à 30 ans de réclusion criminelle pour l'assassinat de Mme Morgane Nauwelaers."

17/ 40 ans d'effondrement...

LUDIQUE, VOUS AVEZ DIT LUDIQUE ?

Juin 2022

Le lundi 13 juin 2022 se déroulait l'épreuve de Français du baccalauréat professionnel, et à la grande surprise générale, les lycéens n'ont pas su répondre à la question : "Selon vous, le jeu est-il toujours ludique ?" parce qu'ils ne connaissaient pas la signification du mot : "ludique".

Peut-on considérer comme le souligne le journaliste Pascal Praud, que cela témoigne de l'abaissement du niveau général des lycéens ?

Vous avez 2h pour répondre à cette question en essayant de faire le mouains de phottes plausibles :-)

A part ça tout va bien. Ne changeons rien. Demeurons **gentils et compréhensifs...**

Le mot qu'ils n'oublieront jamais :

- Lequel à votre avis ?

(•`ᵕ•´)ₘ

18/ Se tromper de chemin

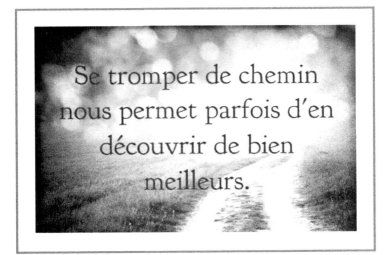

UNE CHANCE ?

Juin 2022

Si l'on regarde bien, cela arrive très souvent. On se dit alors qu'on a bien fait de se tromper, ravi des conséquences qui ont découlé de cette erreur. Comme si une destinée nous avait poussé sur la voie qui était la nôtre.

Le mot que vous n'oublierez jamais en fin de vie est :

- *Destinée* (^_^)

19/ Je ne veux plus enseigner

... à BOUT DE SOUFFLE!

Juin 2022

Rémi Costello, **professeur des écoles en Seine-Saint-Denis, est à** bout de souffle **affirme-t-il dans une tribune. Il souhaite quitter l'enseignement. Au bord du burn-out, cet enseignant a le courage de dire :**

"Je ne veux plus enseigner, je ne veux plus être face à ces élèves qui dysfonctionnent, qui n'arrivent plus à se concentrer plus de dix secondes." Rémi **parle aussi de la lourde charge d'avoir à gérer des élèves en** *"inclusion"* **qui n'ont rien à faire dans une salle de classe**

et qui devraient être en hôpital de jour. *"Je ne veux plus passer 80% de mes journées à faire de la discipline, à faire le flic."*

Quelle tristesse pour cette profession qui autrefois fut reconnue et prisée. Aujourd'hui, ce noble métier n'attire plus grand monde. Beaucoup le font de façon alimentaire..., sans avoir les compétences requises (des professeurs de maths qui savent à peine résoudre une équation - d'autres qui ne savent pas écrire une ligne sans faire de fautes...**).**

Eh oui, logiquement, cette triste pénurie a pour conséquence que les exigences baissent, ainsi que la qualité de l'enseignement. Que peut-on faire pour changer ça ? Nos politiciens vont-ils enfin prendre les mesures nécessaires ?

Ou continueront-ils de prôner un nivellement par le bas au nom de l'égalité des chances ?

Le paradoxe de cette politique est qu'elle est plus que jamais inégalitaire, car les élites elles, maintiennent leurs savoirs à un bon niveau d'exigence, creusant ainsi le gouffre entre elles et ceux qui subissent le système (école publique). (; ` O')o

Le mot que je n'oublierai jamais :

- Inclusion

20/ Chaos au Stade De France : le trauma

EN éTAT DE CHOC!

Juin 2022

Restons à Saint-Denis quelques instants si vous le voulez bien :

Lorsque l'on se fait déposséder de toutes ses affaires (sentiment d'insécurité et d'injustice), on parle de violence physique, mais aussi de violence sur le plan <u>moral</u>.

Certains développeront un stress post-traumatique qui les amènera à éviter les stades, les foules, les évènements festifs, et peut-être même la France pour un long moment.

Le choc et la sidération sont d'autant plus puissants, qu'ils s'apprêtaient à passer un moment festif, espérant célébrer la victoire de leur club Liverpool opposé en finale de la ligue des champions de football au Réal Madrid.

Comment dépasser alors ce traumatisme ? La première étape qui leur permettra de dépasser ce traumatisme est de témoigner comme ils l'ont fait sur les réseaux.

Mais il aurait aussi été souhaitable qu'un certain Ministre de l'intérieur puisse les reconnaître comme victimes.

Et ce qui est formidable en politique, est que l'homme dont je parle sera peut-être le prochain Président de la république Française. Car nous le savons, nous sommes amnésiques.

Et ils le savent aussi... └| ` **O´**|┘

Les mots que Gérald Darmanin **et les supporters Anglais n'oublieront jamais :**

- Saint-Denis et Stade de France

21/ Hauts Potentiels : la belle arnaque!

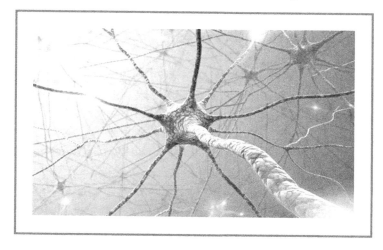

ET TOI, TU NE SERAIS PAS aussi HP PAR HASARD ?

Juin 2022

Vous avez sûrement remarqué depuis quelques années que certaines personnes revendiquent fièrement une certaine différence, et pourquoi pas un certain statut au sein de notre société, celui d'être un HPI, ou HPE, voire les deux.

Ils sont désormais diagnostiqués "Haut Potentiel", et cette fantastique découverte est en train de tout changer pour eux. En bons militants de la cause, ils essaient alors d'expliquer à leurs interlocuteurs en quoi ce changement est positif. Ils informent le monde des neurotypiques qu'il y a un autre monde à découvrir et à accepter : celui des atypiques qui ne se cachent plus désormais.

Un marché très lucratif

Ils ignorent sans doute que les nombreux coachs et thérapeutes autoproclamés ne s'en laissent bien sûr pas conter, et proposent tout comme les psychologues, des tests et recettes miracles d'accompagnement. Ces tests perlimpinpins sont proposés en ligne à des prix exorbitants (300€ à ...) par ces excellents communicants.

DÉTECTION ET ACCOMPAGNEMENTS, telle est la clé de leur nouvelle richesse. Nous ne serons pas surpris d'apprendre alors, que des groupes sectaires investissent également ce marché juteux depuis peu, laissant penser à leurs sujets que leurs différences font d'eux des élus.

La culpabilité est alors renversée, les personnes devant faire l'effort de s'adapter n'étant plus les personnes atypiques, mais les personnes ordinaires (neurotypiques), qui sont désormais sommées de supporter la différence sous peine d'être jugées intolérantes, non wokistes!

En résumé, ces personnes ayant du mal à gérer leurs émotions (*réagissant au quart de tour, vous faisant des remarques crues et disproportionnées à la moindre occasion, vous faisant vous sentir mal à votre tour : "Mais qu'ai-je pu dire de si offensant pour me prendre en pleine face cette marée de reproches si sévères ?"*), n'ont plus de problèmes à partir du moment où elles sont protégées par le label "HP". C'est formidable!

Alors oui, de tout temps il y a eu des personnes qui avaient un Haut Potentiel, mais notez que ces personnes n'avaient pas besoin de le revendiquer et ne traînaient pas avec elles les difficultés d'adaptation sociale décrites plus haut.

On peut, Dieu merci, non pas <u>ÊTRE</u> un Haut Potientiel, mais <u>AVOIR</u> un Haut Potentiel, et être adapté. Voyez vous cette différence capitale qu'il faudrait faire entre la revendication d'un état (ÊTRE) qui représente le sujet tout entier, et la désignation d'une particularité (AVOIR) qui n'est qu'une partie d'un grand tout ?

Ces bons vieux diagnostics que l'on posait jadis...

En réalité, nombre de ces cas "HP", lorsque l'on creuse un peu sur un terrain clinique, sont des personnes pour lesquelles il aurait fallu poser d'autres diagnostics <u>beaucoup moins flatteurs</u> (ces bons vieux diagnostics que l'on posait jadis). Leur inadaptation ou mal être pourrait en effet être généré par :

- Une personnalité ayant une faille narcissique, une personnalité paranoïaque, ou une personnalité limite (bordeline) qui sont caractérisées par des relations très conflictuelles avec leur entourage (*rapidement irritable - colères soudaines et disproportionnées - donnant à l'interloctueur le sentiment de faire face à un volcan qui pourrait exploser d'un moment à l'autre... comportements impulsifs, déviants ou autodestructeurs, peur viscérale du rejet, de la solitude, un grand vide intérieur...).* **Elles pourront elles aussi, rejoindre le groupe des "HPE", pensant que cette hypersensibilité, cette impossible gestion de leurs émotions, est due à une constitution neurobiologique différente à laquelle elles ne peuvent rien : la neuroatypicité des "HP".**

Et savez-vous ce qu'est le **panurgisme?** (° ʃ °)

Le mot que je n'oublierai jamais :

- Neurodiversité

22/ Une normalité qui dérange

> "En fait, la normalité n'existe pas. Nous sommes tous différents, avec des points forts et des points faibles, que l'on ait un handicap ou pas. Le handicap, c'est la reconnaissance d'une difficulté ; et cette difficulté doit être compensée par des aides matérielles, des personnes, pour rendre possible la vie de tous dans de bonnes conditions."
>
> – Sylvie Baussier

TUER LA NORME à TOUT PRIX

Mai 2022

Nous sommes tous différents, mais avec des caractéristiques comportementales, intellectuelles, culturelles, physiques, **communes** et **majoritaires**.

Et n'en déplaisent aux défenseurs de l'atypicité voulant **détruire** le concept de norme, en faire une tare, tout en voulant élargir le spectre du handicap ou de la différence à tous, la norme demeurera **indestructible** pour la simple et bonne raison qu'elle est le fruit de cette formidable force de la nature qui réplique et réplique encore à quelques détails près, tout ce qu'elle crée.

Dire par exemple que le handicap **demeure** un état ANORMAL, et qu'il s'agit non d'une richesse mais d'une difficulté, ne fait pas de moi un monstre Mme Sylvie Baussier.

(◠‿◠)♭

Le mot que je n'oublierai jamais :

- *Neurodiversité*

23/ Le beau sacrifice d'une mère

INCONDITIONNEL!

Mai 2022

Le beau sacrifice d'une mère qui nous laisse sans voix... Cette gazelle, voyant que son petit faon est poursuivi par une meute d'alligators, saute dans l'eau, et s'arrange pour se retrouver sur leur trajectoire. Elle garde ensuite les yeux fixés sur son petit jusqu'à ce que la lumière s'éteigne pour elle. (ﻭﻤ)

Le mot que je n'oublierai jamais : - *Sacrifice*

24/ Le miroir d'une vie : PASSAGE éPHéMèRE

Mai 2022

Une vie traversée à la vitesse de l'éclair,

Des joies, des bonheurs, des peines, des regrets amers,

Le miroir d'une vie verse à chacun son salaire,

Le temps d'un passage, d'une existence éphémère...

Les mots que Léa n'oubliera jamais :

- *"Attention ma p'tite, tu verras que ça file très vite."*

25/ Croire en ses rêves malgré les échecs

C'est une folie de haïr toutes les roses
parce que une épine vous a piqué,
d'abandonner tous les rêves
parce que l'un d'entre eux ne s'est pas réalisé,
de renoncer à toutes les tentatives
parce qu'on a échoué...

RECOMMENCER

Août 2022

Et pourtant, c'est ainsi que nous nous comportons parfois. Pour éviter une nouvelle déception, nous sommes prêts à renoncer à tout ce que nous désirons au plus profond de nous.

Les mots que Louis n'oubliera jamais :

- *"Autorise-toi à rêver jusqu'à ton dernier jour si tu veux vivre longtemps."* ‿(*˘⌣˘*)‿

26/ La joie tombe-t-elle du ciel ?

Celebrates after scoring the winning goal at the Women's Euro 2022 final.

Août 2022

L'allégresse peut-elle tomber du ciel ? En voyant ces footballeuses Anglaises dans un tel état de joie, nous offrant spontanément cette belle chorégraphie **lors du but de** Chloe Kelly **durant les prolongations,** je pense aussi à tous les efforts, tout le travail, la discpline qu'il a fallu, pour arriver à ce jour et à cette minute précise. **"La joie ne tombe pas du ciel."** ٩(´O`*)۶

Le mots qu'elles n'oublieront jamais :

- *Chapionnes d'Europe!*

27/ "Tu m'appartiens" : féminicide un drame

UN DOCUMENTAIRE SAISISSANT

Mai 2022

Celle qui se donne le surnom de double face, Vanessa Muenstermann, a survécu à une attaque à l'acide par son petit ami. Elle témoigne dans un documentaire saisissant qui donne envie de se transformer d'un coup en militant de la cause.

Sortir de l'emprise psychologique est une tâche souvent bien compliquée. L'emprise psychologique c'est pour rappel :

- Phase de séduction narcissique;

- Alternance de violences et de marques d'affection;

- Domination morale et/ou intellectuelle;

- Effraction psychique;

- Manipulation;

- Chantage et dépendance affective...

Si vous pensez être concernée par ces points, pensez à contacter le 3919.

Autre histoire bouleversante, celle de Reshma Qureshi, elle aussi victime d'une attaque à l'acide en 2014. Désormais mannequin et influenceuse beauté, elle a eu le courage de livrer son témoignage sur son agression :

Passionnée de maquillage et de coiffure, Reshma, qui était alors âgée de 17 ans, s'était offert un soin de beauté pour assister à un mariage, ce qui avait rendu fou son beau-frère. Et alors qu'elle se rendait au lycée pour passer un examen, l'adolescente avait été plaquée au sol par deux amis du mari de sa grande sœur, pendant que ce dernier lui versait de l'acide sur le visage :

"Cette attaque a tout gâché dans ma vie. Votre visage est tout dans ce monde, votre visage est considéré comme votre identité *la plus importante... L'homme qui m'a attaquée, il a pensé que cela me ruinerait. Elle ne pourra rien faire et elle mourra. Mais je ne laisserai pas cela arriver. Je ne lui donnerai pas cette satisfaction, je vais lui montrer comment je peux vivre et avancer."*

Trouver la force de ne plus pleurer sur son sort... Ne pas passer sa vie entière à haïr cet homme et ses complices... Avancer tout simplement. Croire à une justice divine peut-être...

Il faut une force incroyable pour cela. Après chaque incendie dévastateur, une fleur pousse au milieu des cendres. Un miracle! ٩(۞ ۛ ۞)۶

Les mots qu'elles n'oublieront jamais :

- *"Sale traînée..."*

28/ Confucius : "Le bonheur ne se trouve pas

Tous les hommes pensent que le bonheur se trouve au sommet de la montagne alors qu'il réside dans la façon de la gravir.

Confucius

en haut de la montagne."

Mai 2022

Belle citation de Confucius **qui nous explique finalement ici ce que nous disait** Platon : *"Le désir est manque."*

> Si l'on n'avait pas à se rendre d'un point A à un point B parce que le B était déjà acquis;

> Si l'on n'avait pas à gravir de montagne, nous trouvant d'emblée installé confortablement au sommet, il nous manquerait le moteur du désir... (le bonheur de désirer).

29/ L'aliénation parentale

LA SOUFFRANCE DE L'ENFANT INSTRUMENTALISé

Mai 2022

L'aliénation parentale est le processus par lequel un parent influence un enfant pour l'amener à rejeter d'une manière injustifiée l'autre parent, jusqu'à l'exclure de sa vie ou à détériorer en profondeur la relation.

Le mots que Sylvie **n'oubliera jamais :**

- "Vous avez donc été instrumentalisée à votre insu au sein d'un conflit parental." (. ☉ ⌒ ☉✝)

30/ La chance de ne pas être exaucé

Souvenez-vous que ne pas obtenir ce que vous voulez est parfois un merveilleux coup de chance.

Dalaï Lama

UN MERVEILLEUX COUP DE CHANCE ?

Juillet 2022

On a plus tendance à considérer qu'il s'agit d'une malchance et d'une injustice. Mais si finalement, ce que certains appellent les plans de Dieu, étaient pour nous une belle opportunité pour découvrir une autre route ?

Les mots que Marie n'oubliera jamais :

- *"Cette autre route à laquelle tu n'as jamais pensé est celle du progrès."*

31/ Violences conjugales : le fléau

CREVER DES YEUX, IMMOLER... QUELLE BARBARIE!

Juillet 2022

Dans ces histoires de violences, voire de crimes commis contre les femmes par des hommes malades, n'oublions pas que l'enfant est aussi une victime indirecte qui demeure invisibilisée.

Espérons que l'on parvienne à détecter en amont les risques et passages à l'acte, pour éviter qu'on envisage l'internement une fois que le mal est fait, comme c'est le cas de cet homme d'une quarantaine d'années qui a crevé les yeux de sa femme à Maisons-Alfort en Mai 2022.

Comme l'homme qui verse de l'acide sur sa femme, celui qui crève les yeux de sa femme, détruit dans un accès de colère celle qu'il considère comme être <u>son</u> objet. Un objet sur lequel il pense avoir tous les droits, notamment celui de le détruire lorsqu'il ne donne plus satisfaction.

Il est clair que ces hommes n'ont pas grandi puisqu'ils n'ont pas compris que chaque être humain était pourvu d'un libre arbitre et que pour cette raison précise, on ne pouvait se comporter avec les personnes comme on se comporte avec les objets. Le jeune enfant le pense aussi, puis comprend rapidement que l'objet qu'il croit posséder (le parent) ne lui appartient pas totalement. Il sort alors de son vécu archaïque de la relation à l'autre.

C'est pourquoi j'affirme que ces hommes en sont restés à ce stade primaire de la relation lorsqu'ils massacrent des "objets" qui font insupportablement montre d'un libre arbitre.

Une seule solution : les fuir dès le premier **malaise** ressenti à leur contact. Et croyez-moi, il vient rapidement. (˒͜ʕ)

Les mots que Pierrette n'oubliera jamais :

- *"Objet tu es à mes yeux, objet tu resteras!"*

32/ Cancer et enfance : fin de l'insouciance

GRANDIR AVANT L'HEURE

Mai 2022

On voit alors que l'insouciance de l'enfance est quelque chose de précieux. Ceux-là sont obligés de grandir trop vite malheureusement.

Les mots qu'ils n'oublieront jamais :

- *Rechute.* (ﺭﺟﻌﺔ)

33/ De l'amour pour ses parents,

de la haine pour soi

MALGRé LES CRITIQUES HUMILIANTES

Mai 2022

L'enfant qui est perpétuellement critiqué par ses parents cesse-t-il de les aimer ? Réponse : non. Cesse-t-il de s'aimer ? Réponse : oui! (-︿-)

Les mots que Paul n'oubliera jamais :

- *"Tu as une passoire à la place du cerveau!"*

34/ Les limites que les autres nous posent

DES PROPHéTIES MALVEILLANTES ?

Mai 2022

"C'est impossible!" J'ai souvent entendu ce propos qui se voulait être une prophétie. Un conseil : s'en servir de moteur, puis avoir le triomphe modeste si possible.

Les mots à ne jamais oublier sont les suivants :

- Le fameux : "C'est impossible!" est une croyance qui ne concerne que la personne qui la prononce.

☆(●‿●)☆

35/ Le terreau de l'estime de soi

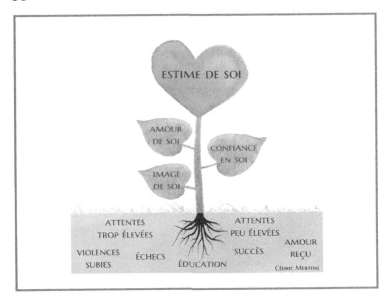

UNE ESTIME QUI PREND RACINE DANS...

Avril 2022

Elle prend en effet ses racines dans l'enfance...

Le regard de l'autre sur soi nourrit ou non positivement cette estime que nous avons de nous-mêmes.

Si le terreau est bon et sain, le futur adulte aura toutes les chances d'avoir une perception positive de lui-même. Mais s'il est mauvais, l'adulte aura le plus grand mal à concevoir une image positive de sa personne, l'amenant

toute sa vie à devoir faire un travail pour lutter contre un sentiment désagréable, pour ne pas dire accablant, de ne pas être pourvu des qualités suffisantes.

Les mots que Paul n'oubliera jamais :

- "Que dis-je, pas une passoire, un gros trou à la place du cerveau plutôt!"

(╭ಠ_•´)

36/ Hymne à l'amour d'une mère à sa fille

SOUVIENS-TOI...

Avril 2022

« Ma fille chérie,

Quand tu réaliseras que je vieillis, s'il te plaît sois patiente, et surtout, essaie de comprendre ce qui m'arrive.

Si, quand nous bavardons, je répète mille fois la même chose, ne m'interromps pas en soulignant : «Tu viens de me le dire, il y a deux minutes! » Contente-toi d'écouter, s'il te plaît. Tâche de te souvenir de ton enfance, quand je te lisais la même histoire, soir après soir, jusqu'à ce que tu t'endormes.

Si je ne veux pas prendre mon bain, ne te fâche pas, ne me fais pas honte. Souviens-toi quand tu n'étais qu'une enfant, je te courais après pour obtenir que tu passes sous la douche, malgré tous les prétextes que tu invoquais!

Quand tu constateras que je ne connais rien aux nouvelles technologies, laisse-moi du temps pour m'y faire et ne me regarde pas comme ça... Souviens-toi, mon cœur, qu'avec patience je t'ai appris bien des choses, comme manger proprement, t'habiller toute seule, te démêler les cheveux et faire face à la vie au jour le jour.

Quand tu réaliseras que je vieillis, je voudrais que tu sois patiente, mais surtout, que tu essaies de comprendre ce qui m'arrive.

Si je perds le fil de notre conversation, parfois, donne-moi une minute pour m'y retrouver, et si je n'y arrive pas, ne t'énerve pas, ne hausse pas le ton. Sache, au fond de toi, que ce qui m'importe, c'est d'être avec toi.

Et si mes vieilles jambes lasses me ralentissent, donne-moi la main, comme je te donnais la mienne quand tu faisais tes premiers pas. Quand viendra ce temps, ne sois pas triste. Juste, sois là, et comprends-moi, tandis que je chemine vers la fin de ma vie avec tendresse. Je t'aimerai et te remercierai pour ce cadeau que furent le temps et la joie partagés.

Avec un grand sourire et cet amour immense que tu m'as toujours inspiré, je voudrais juste te dire... je t'aime, ma fille chérie. »

Guillermo Peña

Quel magnifique hymne à l'amour d'une mère à sa fille.

Avec sagesse, souvenons-nous des connaissances transmises par nos parents, et de la patience dont ils ont su faire preuve.

A notre tour, peut-être aujourd'hui, sachons prendre ce temps pour nos aînés. Un juste retour des choses.

Les mots que Léopoldine **n'oubliera jamais :**

- "Souviens-toi mon coeur." (｡ ♥‿♥｡)

37/ Joanne Rowling : croire en ses créations

QUELLES QUE SOIENT LES CRITIQUES

Avril 2022

Faire les choses par conviction, croire en ses créations, quelles que soient les critiques, et ne jamais baisser les bras... Quel bel exemple nous a donné là Joanne Rowling.

Les mots que Joanne Rowling n'oubliera jamais :
- ..."l'artiste trans" Laur Flom a effacé le nom de sa créatrice sur les livres d'Harry Potter pour que tous puissent "jouir d'Harry Potter sans avoir à supporter le nom de J. K. Rowling.""" (╭ᝰ_•´)

38/ Se méfier des apparences

VOIR PLUS LOIN

Mars 2022

Sachons voir au-delà des apparences présentées par une situation professionnelle, amicale, amoureuse...

Tant de personnes sont persuadées que ce qui est montré est forcément ce qui est.

Les mots que je n'oublierai jamais : - *"Omar Sy, personnalité préférée des Français."* (╭ʊ_•´)

39/ Quand tu n'as que la moitié de l'image,

ne prétends rien

VOIR AU-DELà

Mars 2022

Oui, les images sont trompeuses. N'oublions jamais lorsque nous émettons un jugement hâtif, que nous n'avons en réalité qu'une partie de l'information. Tôt ou tard, voire post-mortem, la vérité triomphe toujours.

Les mots que je n'oublierai jamais : - "Nicolas Hulot, personnalité de gauche préférée des Français."

40/ Mal-être + pouvoir = danger!

VOIR AU-DELà

Mars 2022

Un patron qui est mal dans sa peau arrive, perturbe toute l'organisation, plonge les salariés dans une atmosphère qui les amène à se déprimer les uns après les autres et à s'en aller... Si cette personne n'avait pas été celle qui décide de tout, sa capacité de nuisance aurait été moindre dans cette entreprise.

Les mots que Léa n'oubliera jamais : - *"Nous avons le regret de..."* (╭ʊ_•´)

41/ Joshua Bell, de la lumière à l'ombre

LE TALENT NE SUFFIT PAS

Mars 2022

Ce virtuose qui joue avec un violon d'une valeur de 3,5 millions de dollars, fait habituellement salle comble dans les endroits les plus prestigieux pour lesquels il faut réserver des mois à l'avance. Les places se vendent aisément à plus de 100 dollars.

Mais dans le décor lugubre d'une station de métro, personne ne l'a reconnu... Personne ne s'est émerveillé de son talent. Il n'était tout simplement <u>personne</u>. Il y a donc beaucoup à réfléchir concernant cette expérience.

Chacun fera sa conclusion... La mienne est que le talent est parfois, et même souvent, décorrélé de la lumière.

Beaucoup pensent au contraire que les personnes connues (et donc reconnues) n'auraient pas pu échapper à cette lumière tant leur talent était éclatant.

Beaucoup ignorent alors que ceux qui sont dans l'ombre, ont un potentiel ou un talent équivalent à ceux qui sont dans la lumière.

Le talent n'est pas rare, il est méconnu.

Les mots à ne pas oublier :

- Vous ne choisissez pas la lumière. Elle vous choisit et vous quitte quand bon lui semble. (^_^)

42/ La vie : une naissance perpétuelle

UN NOUVEAU CYCLE QUI PASSE PAR LA MORT, LE DEUIL

Mars 2022

Cet arbre est la métaphore de nos vies :

Nous transformer, faire peau neuve, renaître, apprendre à devenir quelqu'un d'autre.

Les mots qu'Alfred n'oubliera jamais : - *"Mais pour cela mon fils, il faut mourir d'abord, faire le deuil de ce que tu as été."* ٩(^‿^)۶

43/ Nourrir sa réflexion avant de s'énerver

Lire, ça donne une meilleure vision du monde.

OUVERTURE ET CURIOSITé VS FERMETURE ET CERTITUDES

Mars 2022

Les mots que Suzelle n'oubliera jamais : - *"Avant de t'emporter lors d'un débat qui t'irrite, s'il te plaît, nourris ta réflexion en allumant ta télévision, en ouvrant un livre, ou en écoutant la radio... RENSEIGNE-TOI."*

Cela pourrait t'éviter de débattre en ayant pour seule arme ta colère. s(·` ^´· ;)

44/ Steve Jobs : Epreuves = bilan!

OUVERTURE, CURIOSITé

Mars 2022

Lors de ses derniers jours, Steve Jobs, fondateur d'Apple et mort d'un cancer, aurait réalisé que :

- Porter une montre à 300000 dollars ou à 30 dollars ne changeait rien : "Les deux donnent la même heure."

- Vivre dans une grande maison ou posséder une belle voiture étaient finalement des biens futiles comparé à la richesse de la vie et de l'amour donné à ses proches :

"Vous réalisez que votre véritable bonheur intérieur ne provient pas des choses matérielles de ce monde."

Epreuve = BILAN!

Face à la mort qui est la grande épreuve de notre vie, vient donc l'heure du grand bilan.

Mais profitons déjà des petites épreuves du quotidien pour faire de petits bilans. Qu'en pensez-vous ?

Les mots que Steve Jobs **n'oubliera jamais :**

- "Comment as-tu aimé ?" ٩(^‿^)۶

45/ Le sens de nos épreuves

GRANDIR!

Mars 2022

Il se pourrait en effet que chaque épreuve ait un sens dans notre histoire...

Et qu'au final l'on se rende compte après-coup, qu'une épreuve en particulier nous a fait grandir, et même, qu'elle nous a apporté du bonheur!

Les mots que Steve Jobs n'oubliera jamais :

- *"Qu'as-tu appris de toutes ces épreuves ?"* ٩(^‿^)۶

46/ Le courage d'être soi-même

L'ON S'OUBLIE PARCE QUE...

Mars 2022

Parce qu'effectivement, la pression sociale est souvent très forte pour rentrer dans le moule qui est prévu pour soi, sans parler de la pression parentale qui est dans bien des cas subie inconsciemment par un sujet.

Les mots prononcés par une CPE que je n'oublierai jamais :

- *"Toi tu veux devenir psychologue ???"* (╭ಠ_•´)

47/ Savoir s'écouter avant tout

LE CYCLE DE LA VIE

Février 2022

En général, vous le savez sûrement, lorsque l'on est très soucieux des opinions des autres, jusqu'à en dépendre, c'est parce que l'on a peu confiance en soi.

Les mots que Sylvain n'oubliera jamais :

- "Dépendre du regard des autres, c'est se trouver emmurer dans une prison invisible mais bien réelle."
(╭ಠ_•́)

48/ Un directeur qui danse avec ses élèves

LE MAILLON D'UNE CHAÎNE

Février 2022

Nous connaissons les excès du régime Chinois, mais notons aussi qu'à l'inverse, notre enseignement souffre d'une absence de discipline pour ne relever que ce point.

A travers cet exercice qui demande une grande concentration et une grande précision, l'enfant comprend chaque jour qu'il est le maillon d'une chaîne qu'il ne doit pas compromettre par un excès d'individualisme.

C'est une grande responsabilité pour chaque participant, mais c'est aussi une activité ludique à laquelle ils peuvent être fiers de participer.

Je trouve donc que cette activité qui forge un certain état d'esprit (solidarité, travail, discipline...) est une activité très pédagogique qui est à conseiller dans les écoles.

Mais l'exigence n'est plus notre fort depuis bien longtemps malheureusement.

Les mots que ces élèves n'oublieront jamais : - *"Il n'y a pas de vie heureuse sans discipline."* (◍•ᴗ•◍)♡

49/ Le grand mensonge de l'inclusion

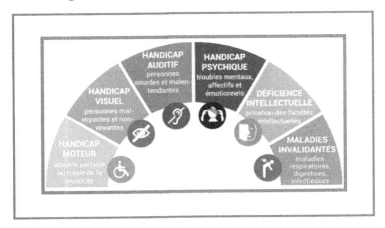

UNE ABSENCE D'HUMANITé ?

Janvier 2022

Le 18/01/22, nous avons vu des politiciens s'agiter sur la question de l'inclusion scolaire pour les enfants handicapés. Mme Sophie CLUZEL, Secrétaire d'Etat chargée des personnes handicapées, s'indignait en tête de file que l'on puisse dire NON à l'inclusion pour tous, dénonçant un manque d'humanité et une brutalité chez ceux qui prônaient la création de structures dédiées aux enfants ayant un lourd handicap.

Nous aimerions en effet qu'il soit possible de les maintenir au prix de gros moyens dans leur école, mais ne manquerions-nous pas alors d'humilité face à l'intensité de leurs troubles ?

>> Parce que l'enfant autiste qui souffre parfois d'un handicap psychique important, souffre terriblement de devoir subir 7 heures durant les contraintes que lui impose le cadre scolaire. Il souffre de ne pas parvenir à faire ce qu'on lui demande, mais souffre aussi comme ses parents, d'être celui qui dérange les autres.

>> Parce que l'enfant neurotypique quant à lui, peut aussi être en difficulté pour se concentrer et apprendre, lorsque son voisin est une pile électrique qui tourne autour de lui, fait du bruit sans arrêt, et parfois même, le frappe ou lui déchire sa feuille plusieurs fois au cours d'une journée. Je veux bien qu'on demande à cet enfant et à sa famille de faire montre d'ouverture d'esprit et de générosité.

Mais ne doit-il pas y avoir une limite à cette demande ? Et peut-on soulever cette question sans paraître dépourvu d'empathie ?

Je demande alors à tout ceux qui s'indignent de répondre à cette unique question : Qui fait les frais au final de cette inclusion idéalisée sans nuances ni concessions ? Qui ?

Les mots que je n'oublierai jamais :

- "Je suis très en colère et consternée par la vision de la société d'Eric Zemmour." <(`^´)>

50/ Prendre appui sur ses difficultés...

LE SENS DES éPREUVES

Janvier 2022

Comme un avion a besoin de s'appuyer sur un vent contraire pour prendre son envol, nos épreuves sont aussi ce vent qui semble empêcher notre progression, mais qui pourtant nous permet une élévation.

Les mots que Léo n'oubliera jamais : - "Avec un vent qui se trouve toujours dans ton dos, tu ne décolleras jamais mon fils. C'est pourquoi je te dis non." (~ʒ°)

51/ Violences conjugales : des enfants-

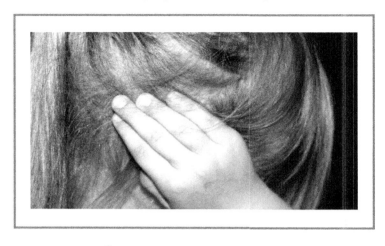

victimes enfin reconnus ?

UNE VIOLENCE CONTAMINANTE

Décembre 2021

EXTRAIT de l'ENFANT / L'instrument du Conflit Parental :

"Ce que Lucette n'a pas suffisamment mesuré, c'est que ces coups là, sa fille Dora les recevait aussi, et que plus fragile, se remettre de cela serait une gageure pour elle."

Les mots qu'elle n'oubliera jamais :

- *"Comment oses-tu te servir de ma fille pour parer mes coups sale pute ?"* (☿ ⸴ ☿)

52/ Les impressions fortes qui marquent

notre enfance

POSITIVES OU NéGATIVES

Décembre 2021

Les impressions fortes qui marquent notre enfance guident en partie nos choix futurs. Lorsqu'elles sont positives, elles tracent notre parcours positivement nous menant vers l'épanouissement.

Les mots qu'elle n'oubliera jamais : - "On te donne rendez-vous dans 20 ans future collègue." ٩(^‿^)۶

53/ Handicap : au-delà des limites

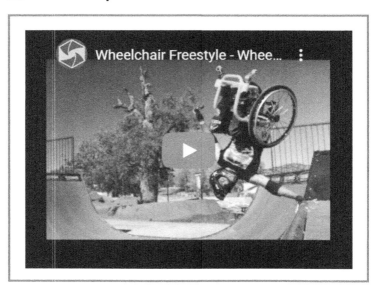

ET POURQUOI LES PERSONNES HANDICAPéES N'AURAIENT-ELLES PAS LE DROIT DE SE SURPASSER ELLES AUSSI ?

Décembre 2021

Il y a apparemment des gens qui ne se laissent pas dicter leurs limites.

Les mots qu'il n'oubliera jamais :

- *"Le Wheelchair ? Tu as perdu la tête. Ce n'est pas pour toi ça ?"* ♭ (⌒‿⌒) ♭

54/ La solitude d'une dame âgée : urgence ?

LE TEMPS, CE N'EST PAS QUE DE L'ARGENT

Décembre 2021

En Italie, une dame de 87 ans a appelé la police pour leur dire qu'elle avait faim et qu'elle se sentait seule. Ils sont alors venus chez elle, lui ont fait à manger, et sont restés une bonne partie de la soirée avec elle. Les policiers ont donc considéré qu'il s'agissait d'une vraie urgence.

Les mots qu'elle n'oubliera jamais :

- *"Il tempo non è solo denaro, signora."* (͡° ͜ʖ ͡°)

55/ Handicap : au-delà des apparences

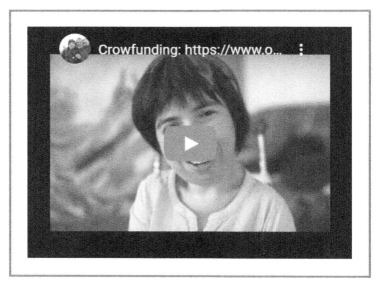

MARIELLA A DéJOUé LES PRONOSTICS

Décembre 2021

Les êtres humains ont en général besoin d'être perçus au-delà de leur apparence. Et ceux qui affirment ne pas en avoir besoin devraient me semble-t-il se demander pourquoi.

Les médecins lui avaient dit qu'elle ne vivrait pas au-delà de l'âge de 10 ans. Elle leur a prouvé le contraire.

"Je suis handicapée physiquement depuis l'âge de 2 ans, déformée au niveau de mes articulations. Ma mobilité en a été

*fort limitée. J'ai aujourd'hui 36 ans et **je suis maman émerveillée** d'une petite fille de 7 ans."*

Elle dit aujourd'hui être un personne qui est très **chanceuse** et qui a énormément reçu d'attention et d'amour au cours de sa vie. Elle explique avoir rencontré des êtres lumineux.

Comment peut-elle se considérer comme chanceuse vous demandez-vous ? Tout dépend bien sûr de ce que l'on entend par chance, et où se trouve l'essentiel pour chacun.

Les mots que Mariella **n'oubliera jamais :**

- "Accrochez-vous car j'ai une bonne nouvelle. Vous êtes enceinte Madame." ♭ (⌒‿⌒) ♭

56/ Les personnes sont comme les livres

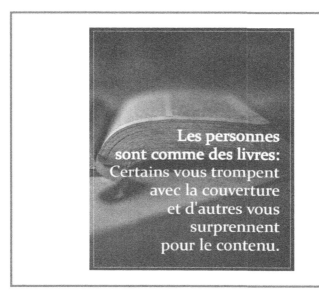

Les personnes
sont comme des livres:
Certains vous trompent
avec la couverture
et d'autres vous
surprennent
pour le contenu.

OU COMME LES FRUITS...

Décembre 2021

Parfois l'aspect extérieur d'un livre, d'un fruit, d'une personne, nous rassure, toujours persuadés que nous sommes, que l'intérieur ne peut qu'être aussi plaisant. Mais parfois, étonnamment, le fruit est sec, fade, pourri.

Les mots de la part de PPDA qu'elles n'oublieront jamais :

- *"Quelle belle journée!"* (╋ơ 益ơ)

57/ S'éloigner des personnes négatives

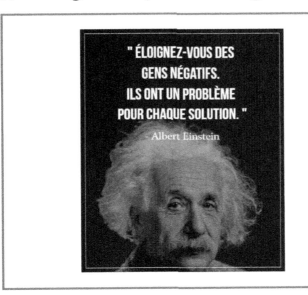

ELLES SONT PARFOIS MALADES

Décembre 2021

Parfois malades, et même souvent très névrosées, ces personnes qui vous entraînent avec elles dans leurs ténèbres, doivent être fuies si vous voulez survivre.

Contrairement à ce que vous croyez ou espérez, votre amour ne pourra suffire à les sauver.

Pourquoi ? Parce qu'il est ici question de psychologie humaine, tout simplement.

Tant de gens regrettent aujourd'hui d'avoir passé une bonne partie de leur vie aux côtés d'une personne qu'ils aimaient mais qui, malade, n'a cessé de tirer la relation vers un gouffre.

Ils ont compris, tard, très tard, que ce temps était perdu, comme la personne aimée jadis.

Connaissez-vous un pervers narcissique qui a cessé de l'être au nom de l'amour ?

Montrez-moi cette personne. C'est une miraculée.

Les mots que Maeva n'oubliera jamais : - *"Tu n'as toujours pas compris que c'est moi ou la mort ? Fais ton choix bordel!"* ಠ_ಠ

58/ Le ridicule vers lequel nous mène

le wokisme

Décembre 2021

Merci à Tom Villa, humoriste, animateur radio, et acteur français, d'éveiller les consciences sur l'obsessionnelle inclusivité qui anime les wokistes et autres lobbyistes en tout genre.

Le mot que je vous conseille de ne pas oublier :

- Déconstructivisme! ಠ_ಠ

59/ Une enseignante agressée par un élève

UNE DE PLUS...

Décembre 2021

Une scène qui est malheureusement devenue courante aujourd'hui dans un établissement scolaire.

Au Lycée Jacques Prévers de Combs-La-Ville, une enseignante a été violemment poussée par un élève.

Les mots qu'on n'oubliera jamais : - #PasDeVague, tout va bien M. Pap Ndiaye, aïe aïe aïe! (0👕0🕂)

60/ Briller sans éteindre les autres

LE PERVERS NARCISSIQUE QUI EST EN CHACUN DE NOUS

Octobre 2021

Sans être des pervers narcissiques au sens clinique du terme, il est déjà arrivé à chacun d'entre nous de rabaisser autrui pour réhausser notre estime de nous-mêmes. Cela est bien sûr censé être rare.

Les mots que je n'oublierai jamais : - *"La pathologie est une question de quantité."* ಠ_ಠ

61/ Un mauvais comportement ne surgit pas

de nulle part

LE POIDS DE L'éDUCATION

Octobre 2021

Un mauvais comportement n'apparaît jamais EX NIHILO.

Il a une histoire, une antériorité.

Il sert à quelque chose dans l'économie psychique du sujet.

Et l'on entend je trouve trop souvent les parents affirmer : "Il est né avec beaucoup de caractère" **ou** "C'est normal qu'elle soit ainsi, car je me suis longtemps culpabilisée de l'avoir conçue dans des conditions difficiles (**séparations, deuils, etc**).

Ma réponse à ces parents : *Posez-vous quand même* <u>*en premier lieu*</u> *la question de savoir si l'enfant ne se comporte pas ainsi parce qu'il reçoit de votre part de mauvaises réponses des centaines de fois par jour depuis des années.*

Y avez-vous pensé avant d'incriminer la malchance d'une quelconque loterie génétique ? Car jusqu'à preuve du contraire, le gène du mauvais caractère n'a pas été isolé par les scientifiques.

Les mots que Frida **n'oubliera jamais :**

- "Madame, votre fils est en garde à vue pour le motif suivant : ..." (╭Ꮷ_•´)

62/ Novak Djokovic donne sa raquette

à un fan

SAVOIR PARTAGER SON BONHEUR

Août 2021

Bien des gens se montrent égoïstes lorsqu'un bonheur intense les submerge. Il suffirait pourtant d'un geste fait de leur part dans ce moment fantastique pour eux.

Mais non, ils n'en redonnent pas 1% pour illuminer la journée d'un autre qui n'a pas cette chance. 1 seul pourcent!

C'est incontestablement la plus belle image du tournoi de Roland Garros à mes yeux, ou comment un simple geste généreux de la part d'une personne, peut en ravir une autre jusqu'à la fin de sa vie...

Novak Djokovic a littéralement donné à ce jeune un petit bout de son bonheur, et ce qui était pour ce champion un petit bout, a été reçu par nous, à travers ce garçon, comme une *incommensurable* part de bonheur. Belle communication, mais aussi belle leçon à méditer...

Les mots que ce jeune garçon n'oubliera jamais :

- "Elle est à toi désormais." (͡° ͜ʖ ͡°) ☚

63/ Planter une graine chez une personne

On ne peut pas forcer
une personne à écouter un message
qu'elle n'est pas prête à recevoir.
Mais on ne doit jamais sous-estimer
le pouvoir d'avoir planté
une graine.

SORTIRA-T-ELLE DE TERRE ?

Août 2021

Il y a des graines qui ne donnent jamais rien, et il y a celles qui mettent toute une vie pour sortir de terre.

Il faut quoiqu'il en soit se dire qu'une personne qui n'est pas prête à exploiter un message, ne l'oubliera pas pour autant.

Les mots que Malika n'oubliera jamais :

- *"Aujourd'hui non, mais demain sûrement."* (͡° ᴖ °)

64/ Ces mots qui font mal

LA VIOLENCE N'EST PAS QUE PHYSIQUE

Août 2021

Ce clip exprime bien la souffrance ressentie par l'adulte hanté par ces mots qui lui ont fait si mal et qui résonnent toujours en lui.

N'oubliez pas que la névrose est une confusion entre le passé et le présent, et qu'elle concerne chacun d'entre nous.

Les mots qu'ils n'oublieront jamais :

- *"Tu ne devrais pas mettre ce T-shirt"*;

"Qu'est-ce que j'ai fait pour avoir un fils comme toi ? Dis-moi ?";

"T'as l'impression de servir à quelque chose là ? T'as pas autre chose à foutre de ton temps ?";

"Tu as de grosses mains ma fille. Quelle horreur!"...

Des mots destructeurs qui sont de véritables bombes à retardement... (╭╯°□°)╯

65/ L'importance des petits pas quotidiens

NE PAS REGARDER LE SOMMET

Octobre 2021

Face à un objectif qui nous semble immense, nous avons tendance à regarder le sommet d'en bas, et voulons l'atteindre le plus rapidement possible en faisant de grands pas.

Or les grands pas que nous voulons faire seront très coûteux en énergie, et ne nous feront pas avancer plus vite.

Voici quelques **EXEMPLES** :

Vous voulez maigrir et décidez de ne rien manger pendant 3 jours ? C'est radical! Vous perdrez du poids, mais le reprendrez rapidement. *Le sage* qui aura légèrement réduit sa prise de calories sur 3 jours perdra peut-être moins que vous pendant ce temps, mais cette perte de poids sera durablement acquise pour lui.

Vous vous entraînez pour participer à un marathon ? Bel objectif! Pour l'atteindre, vous courez une première fois aussi longtemps que vous le pouvez (1h de suite), puis vous recommencez le mois suivant. Vous réaliserez alors que vous n'arrivez pas à courir plus d'1 heure. *Le sage* qui aura couru 15 min tous les jours pendant un mois, sera désormais capable de courir plus longtemps que vous, et sera capable de courir de plus en plus longtemps jusqu'à courir son marathon.

L'un est patient, il ne regarde pas le sommet et se contente de la petite marche sur laquelle il se trouve. Il travaille chaque jour avec plaisir. L'autre ne cesse de regarder le sommet. Il est frustré de ne pas l'atteindre tout de suite. Il finit par se décourager et par abandonner.

Les mots que je vous conseille de retenir :

- *Mille petits pas vaudront toujours mieux qu'un pas gigantesque. Mais pour faire ces petits pas, il faut beaucoup de patience et d'humilité.* (°ﺝ°)

66/ Bataclan : la vie bascule soudainement

"MAINTENANT J'AI UNE GUEULE CASSéE"

Août 2021

Il y a l'avant, et puis l'après. En un instant, tant de vies basculent, mettant fin à une relative insouciance.

Avec le drame, on change toujours d'échelle de valeurs. Soudainement, l'argent n'a par exemple plus la même valeur à nos yeux, car l'on comprend qu'il ne peut servir à récupérer sa vie d'avant, véritable richesse que l'on a perdue à jamais.

On comprend aussi que passer sa journée à faire des selfies faisait de nous une personne bien superficielle.

Les épreuves nous grandissent, mais à quel prix parfois.

Les mots de Gaëlle qu'on n'oubliera jamais :

- *"Maintenant, j'ai une gueule cassée..."* (; ⊙_⊙)

67/ La légion d'honneur pour Marin

ne suffit pas

PéTITION : https://chng.it/pngN6FMd8G

Août 2021

Le 12 novembre 2016, Marin s'était interposé pour défendre un couple victime d'une agression de la part d'un jeune homme qui, incommodé de les voir s'embrasser, les avait agressés violemment.

L'agresseur n'effectuera pas plus de la moitié de sa peine, alors que Marin, sa victime, restera lui lourdement handicapé toute sa vie.

SOUTENEZ-le en signant cette pétition pour qu'une loi soit votée afin que les tentatives d'homicide ne donnent plus jamais droit à des remises de peine en France.

Les mots à retenir :

- LA LéGION D'HONNEUR NE SUFFIRA JAMAIS! o(` □´)○

68/ L'opinion publique : l'insaisissable mal

LE DANGER DES RéSEAUX SOCIAUX

Août 2021

L'opinion publique est un mal viral et insaisissable qui prolifère sur les réseaux sociaux.

Certains spécialistes ne sont pas loin de penser qu'il s'agit d'un nouveau pouvoir et que la Russie ou le Chine ont sur nous 10 bonnes longueurs d'avance. Qui aurait pensé à sa création, que l'amuseur Facebook détiendrait aujourd'hui un tel pouvoir politique, et entraînerait dans son sillage d'autres réseaux déjà puissants ?

On s'y brûle les ailes certes, on le déteste, on le quitte, mais on y revient toujours, parce qu'on ne peut se résoudre à faire partie du très faible pourcentage d'insignifiants qui n'y figurent pas. Oui, ne pas figurer sur un réseau est aujourd'hui considéré par la jeunesse comme une anomalie notable.

Vous l'avez compris, il n'est donc plus possible de se passer d'exister sur ces réseaux que l'on sait pourtant dangereux. Une solution s'impose alors pour s'y sentir bien, à l'abri des mauvais jugements : s'inventer une vie glamour. Le parfait bonheur ! On voit alors comment, esclaves de l'opinion d'autrui, ces sujets en viennent à fonctionner de façon <u>factice</u> par des selfies qu'ils enjolivent via des <u>filtres</u>, et en distillant des likes qui n'ont bien sûr rien de sincère...

Le mot que Sylvia et Caroline n'oublieront jamais :

- *Trolleur* (╈ᓂ 益ᓂ)

69/ "Hors normes" : l'autre son de cloche

de l'autisme

LA VéRITé, RIEN QUE LA VéRITé

Août 2021

Un autisme qui peut être violent, impossible à inclure...
Voici ce que je décris aussi dans mon premier livre : **MA
VéRITé SUR L'AUTISME.**

Le film : "hors normes" de Eric Toledano et Olivier
Nakache porte bien son nom. Il s'agit en effet d'un film

qui ne se situe pas dans la norme de ce qui se fait usuellement sur le sujet.

Pour la première fois au cinéma, le grand public se prend en pleine poire la face cachée de l'autisme; celle qui n'est pas géniale et fascinante, mais qui désespère les familles et professionnels.

Pour la première fois au cinéma, on nous montre qu'on ne sait pas quoi faire de cet autisme sévère qui se frappe la tête contre les murs.

On nous montre que leurs troubles violents et parfois irascibles, *font peur à bon nombre d'institutions qui préfèrent ne pas se charger de cette trop lourde réalité, laissant encore une fois les familles démunies.*

Ce film est pour moi la meilleure des réponses à tous ceux qui veulent absolument faire de la **neurodifférence** *une force, voire une chance. Allez donc le dire aux proches de ces enfants.*

Les mots que je n'oublierai jamais :

- *"Votre neurodiversité est une richesse. Ne les laissez pas vous dire le contraire."* ☐(→ˏ←ˢ)☐

70/ Pétition pour une prise en charge

précoce et globale de l'autisme

PRèS de 52 000 SIGNATAIRES

Août 2021

Chaque jour, je constate à mon cabinet que des enfants autistes âgés de 7,8,10... ans n'ont pas été diagnostiqués suffisamment tôt, et qu'ils ne bénéficient pas d'une prise en charge adaptée.

Chaque jour, je dois aussi faire face à la détresse de parents qui ne savent pas quels professionnels consulter et quelles démarches faire.

Ils doivent courir à droite et à gauche, entendre des sons de cloche différents sans savoir lesquels écouter, dépenser beaucoup d'argent, faire face seuls à l'angoisse...

"Mon enfant sera-t-il handicapé toute sa vie ? Que puis-je faire pour l'aider ?" Souvent, ses parents ne connaissent aucune des techniques de prise en charge. Personne ne les a formés.

C'est la raison pour laquelle j'ai écrit la pétition qui suit, pour exiger du gouvernement la création de structures d'état qui prennent intégralement en charge (de A à Z) les familles qui sont touchées par l'autisme.

J'attends toujours que le ministre des solidarités et de la santé réponde à cette demande validée par près de 52000 signataires.

EXTRAIT : "En France, de nombreux parents constatent qu'il s'écoule un temps bien trop long entre le diagnostic de leur enfant autiste vers 18 mois, et la mise en place d'une prise en charge globale et adaptée sur toute la semaine. En général, faute de moyens, ils doivent entre 18 mois et 5 ans (âge où l'enfant est admis dans une institution spécialisée pour obtenir cette prise en charge) se contenter de quelques heures (2 à 3 heures) réparties entre une psychologue supervisant une éducatrice et une orthophoniste ou psychomotricienne. Il n'est pas rare alors, qu'**un parent s'arrête de travailler**.

Durant ce temps qui passe, où les parents sont entièrement livrés à eux-mêmes (entre les démarches administratives - dossier MDPH, examens cliniques et autres rendez-vous de spécialistes), l'enfant progresse peu..."

Les mots à ne pas oublier pour ces jeunes enfants :

- L'autisme est une course contre la montre. Plus le temps passe sans évolution positive, et moins l'enfant a de chances d'évoluer positivement.

(. ☉ ⌢ ♂✚)

[LA PéTITION : https://chng.it/Mfy4Bz8RFP **]**

71/ La valeur d'une victoire

NE PAS êTRE HANTé PAR LE SOUVENIR DE LA VéRITé

Août 2022

Quelle est la valeur d'une victoire qu'on sait ne pas mériter ?

Le coureur Espagnol Ivan Fernandez **aurait pu être opportuniste et saisir une victoire qui lui était offerte, profitant du fait que le coureur Kényan** Abel Mutai **avait confondu les panneaux à quelques mètres de l'arrivée.**

Mais il a préféré être honnête avec lui-même et aider son adversaire à remporter la victoire qu'il méritait.

On peut ainsi se dire qu'il pourra être fier d'avoir aidé cet athlète à gagner, mais surtout, qu'il ne sera pas hanté par le souvenir de la vérité comme c'est le cas de beaucoup de personnes ayant agi autrement en bien des circonstances...

Les mots à retenir de tout ça :

- Celui qui croit semer la vérité se condamne à être en cavale toute sa vie. ٩(^‿^)۶

72/ Ne PAS rester là où l'on ne peut fleurir

Ne restez jamais là où vous ne parvenez pas à fleurir.

DU TEMPS POUR RéALISER ET ACCEPTER

Août 2022

Il faut parfois des années pour se rendre compte qu'un sol n'est pas fertile, des années pour être honnête avec soi-même et admettre qu'on n'est pas au bon endroit ou avec la bonne personnne...

Les mots à retenir de tout ça : - *Un fruit reste pourri, voire toxique, bien que son apparence puisse être magnifique.* ٩(^‿^)۶

73/ Celui qui n'essaie pas a déjà perdu

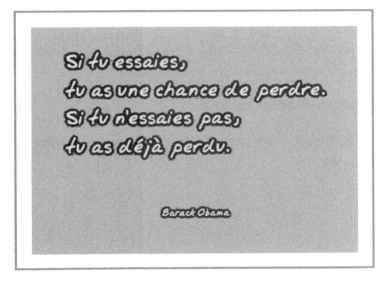

Si tu essaies,
tu as une chance de perdre.
Si tu n'essaies pas,
tu as déjà perdu.

Barack Obama

PRENDRE LE RISQUE DE RéUSSIR

Août 2022

Prendre le risque de réussir, c'est aussi prendre le risque d'échouer.

Alors, certains préfèrent parfois l'immobilisme et le déni, prétendant ne pas tenir à la chose.

Mais ils ne réalisent pas alors qu'ils sont aussi perdants, car ils demeurent tourmentés par leur inconscient, frustrés de ne pas avoir tenté leur chance.

Evidemment, l'on comprend bien aussi que selon l'état de son estime de soi, on est plus ou moins capable de prendre le risque d'échouer en essayant.

Là aussi, plusieurs années sont parfois nécessaires pour le comprendre, voire toute une vie!

Les mots à retenir de tout ça :

- *Se mentir bien plus à soi-même qu'aux autres...* (•`◡•´)ꓹ

74/ L'amour : la réalité qui rattrape la fiction

L'AMOUR à L'éPREUVE DE LA RéALITé

Août 2022

Accepter les frictions, les désaccords, la part d'ombre de l'autre, après la phase d'idéalisation.

Oui, le quotidien contrarie le fantasme qui nous a laissé croire un instant que l'autre était parfait, et nécessite donc un effort d'adaptation pour ne pas s'enfuir en courant lorsque la réalité rattrape la fiction.

Mais si le décalage est très grand, si la réalité est vraiment trop décevante (comportement pathologique etc...), alors il faut savoir renoncer avec raison. Mais certaines personnes déjà trop éprises, n'y arrivent pas toujours.

Elles demeurent **prisonnières** de cette **illusion** des années durant, espérant retrouver le prince ou la princesse qu'elles ont cru connaître dans les premiers instants.

Les mots à retenir de tout ça :

- L'amour, tel que nous le vivons pauvres humains, est aussi emprise et enfermement... ⊣ ´д` ⊢

75/ Savoir ajuster ses voiles sans se plaindre

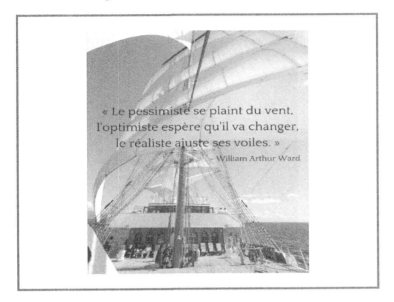

« Le pessimiste se plaint du vent,
l'optimiste espère qu'il va changer,
le réaliste ajuste ses voiles. »
- William Arthur Ward

Août 2022

L'adaptation... Ne pas se montrer psychorigide, c'est aussi me semble-t-il faire preuve d'humilité face à des éléments qui ne dépendent pas de notre volonté, et avec lesquels il nous faut composer malgré tout.

Les sages mots à ne pas oublier :

- *Apprenons à naviguer par mauvais temps... Apprenons du mauvais temps, et enrichissons-nous.*
(ó‿ò)/

éPILOGUE

L'être humain a deux visages: celui qu'il nous montre et celui qu'il a vraiment.

C'est votre droit

En fin de lecture, vous avez bien sûr toujours le droit de penser qu'il est possible d'échapper à la vérité sans contrepartie, qu'il faut être le premier quoiqu'il en coûte aux autres et quels que soient les moyens employés, que la politique qui oriente l'éducation et l'instruction en France fera de vos enfants de belles personnes ayant de belles valeurs, que la réussite dépend essentiellement du talent, que la lumière ne se partage pas, que ce qui est montré est forcément ce qui est, que chaque fait marquant votre enfance ne détermine pas aujourd'hui votre vie d'adulte, qu'une vie sans épreuves est une vie riche où l'on progresse, que le bonheur se trouve en haute de la montagne, qu'une femme qui se fait vitrioler est une femme qui l'a bien cherché quelque part, que la solitude d'une dame âgée n'est pas votre affaire vous qui êtes jeune et bien portant, que vous n'avez pas de temps à perdre avec cette vieille parce que le temps c'est de l'argent qui file, qu'il est avant tout important de plaire aux autres, qu'un téléphone portable peut bien combler votre vacuité à coups de selfies et de jeux gratifiants, que faire souffrir un animal est moins grave que de faire souffrir un être humain, que le wokisme est un éveil fabuleux qui ne dissimule aucun vice; qu'il est la preuve de la bonté, de la générosité et de la tolérance qu'il y a en chacun de nous, que voter à gauche et parler de "petit ange", fait de vous une personne plus humaine qu'un "sale policier", qu'une personne handicapée ne vaut pas une personne valide, que votre vie ne basculera jamais sans obtenir votre consentement au préalable, qu'à l'approche de votre fin de vie ne viendra pas le grand bilan...

Ce qui reste en effet formidable avec la pensée, c'est qu'elle n'appartient qu'à vous, et qu'il est de votre bon droit que **la vôtre** donc, demeure immobile.

Tous ces mots qui ont été prononcés, ou tweetés dans un élan colère et de naïveté, ont fait leur impression sur l'instant, mais demeureront à jamais confondus avec le temps présent.

Lorsque par exemple, le **23 avril 1982**, dans l'émission "Apostrophe" animée par M. Bernard Pivot, M. Daniel Cohn-Bendit avait affirmé en évoquant son passé d'éducateur spécialisé auprès de jeunes enfants : "**Vous savez, quand une petite fille de 5 ans commence à vous déshabiller, c'est fantastique, c'est un jeu absolument érotico-maniaque...**", il n'avait sûrement pas réalisé que jamais, ces terribles mots qu'il pensait être anodins ne seraient oubliés.

Combien donnerait-il pour effacer ces mots qu'on n'oubliera jamais et qui le poursuivront au-delà de la tombe ? (•ᴗ•)ɱ

M'éCRIRE

UNE REMARQUE ?

Un désaccord ? Un compliment ? ٩(๑‘ᴗ‘๑)۶

Exprimez-vous sur : **www.jeanlucrobert.fr**

- En envoyant un **E-mail** via le formulaire en ligne ;
- En laissant un **commentaire** sur le site ou partout ailleurs.

DéDICACES ET COMMENTAIRES

—

—

—

—

—

Printed in Great Britain
by Amazon